QUESTIONS COLONIALES

ALBERT NOYER

LES OULED-SIDI-CHEÏKH

ET

BOU-AMAMA

*(Le Gouvernement doit-il accepter la soumission
du dernier chef insurgé d'Algérie ?)*

Prix : 0,50 centimes

ÉVREUX

IMPRIMERIE GASTON LAMAURY

8, RUE AUX BOUCHERS, 8

—

1901

A LA MÉMOIRE

DU COMMANDANT ROSE

Ancien Chef de Bureau arabe,
Officier de la Légion d'Honneur.

DU MÊME AUTEUR

Le Trafic futur du Biskra-Ouargla.
Les Colonnes militaires dans le Sahara algérien.
Le Commerce français dans le Sud-Algérien et au Touat.

EN PRÉPARATION :

L'Insurrection d'El-Amri.
L'Insurrection de l'Aurès.

LA QUESTION BOU-AMAMA

La veille de l'invasion du village de Marguerite par les *Beni-Menasser*, le caïd de Changarnier télégraphiait à l'administrateur que six indigènes, avec armes et bagages, devaient quitter le pays, le lendemain, pour rejoindre Bou-Amama. Ce projet irréalisable, suivi d'une révolte locale, donne un renouveau d'actualité à la *Question Bou-Amama*.

L'agitateur religieux des Ouled-Sidi-Cheïkh refusa l'*aman* (1) en 1900, préférant demeurer en état d'insurrection, puis, changeant d'idée, tenta, en décembre dernier, de pressantes démarches pour rentrer sur le territoire algérien. M. Jonnart lui répondit que la France généreuse lui avait déjà pardonné en même temps qu'à Si-Eddine, Si-Kaddour et Si-Moradji, ses anciens compagnons de lutte, mais qu'il ne serait bien accueilli qu'à la condition de donner la liste nominative de ses clients et des condamnés de droit commun réfugiés auprès de lui. Le gouverneur général ajoutait qu'il prendrait une décision définitive à la fin des opérations militaires poursuivies dans l'Extrême-Sud algérien.

La campagne du Touat étant terminée, le moment est venu de se demander quel intérêt aurait la France à s'allier celui dont le seul souci fut, pendant vingt-cinq ans, de soulever contre elle ses *Khouans* (2) fanatiques.

---

(1) *Aman!* — Pardon ; c'est par ce cri que les Arabes demandent grâce dans un combat.

(2) Disciples religieux ; affiliés à un ordre musulman.

Posséder la liste des chefs de bandes hostiles à notre politique de pénétration, le nom des pillards et des assassins cachés au Figuig serait, à notre avis, une satisfaction bien légère, en comparaison des futures difficultés que notre générosité irréfléchie pourrait nous causer.

Cette nouvelle victoire, dit-on, mettrait fin aux incursions qui troublent notre frontière oranaise et faciliterait l'occupation pacifique du Touat. Méfions-nous de ce leurre ! La soumission de Bou-Amama ne peut empêcher le renouvellement des attaques des nomades marocains. (1) La récente agression de la garnison de Timimoun par les *Béraber* en est la preuve. Elle ne peut même pas nous allier les Ouled-Sidi-Cheïkh-Gheraba et les autres tribus touatiennes, aujourd'hui domptés par le général Servière. Bou-Amama n'a plus d'influence ; sa chute le réduit à l'impuissance et le rend inoffensif.

Qu'il fasse sa soumission ou qu'il reste insurgé, les pillards marocains n'en continueront pas moins à passer sur notre territoire et les *Gheraba*, malgré leurs promesses de neutralité, attendront patiemment le jour où Mahomet leur donnera l'ordre de se révolter de nouveau. La présence de Bou-Amama, ce jour-là, ne serait même pas nécessaire parce qu'il n'est plus rien. Au point de vue arabe, sa fin est sonnée. Ses anciens compagnons d'insurrection devenus nos amis (*les Cheraga*) l'ont pourchassé jusqu'au Touat où il se croyait en sûreté. Abandonné, vaincu par l'âge et les armes, il est réduit à se réfugier au Figuig (2) et à solliciter la clémence de la France. Ses défaites successives, l'occupation définitive des oasis touatiennes, la pénétration du chemin de fer oranais jusqu'à Djenan-El-Dar, à 18 kilomètres de sa retraite, ont détruit son prestige militaire, anéanti sa puissance religieuse : toute sa force.

Cette dernière considération est la seule qui l'ait déterminé à crier l'*aman*. Chez les Arabes, on le sait, l'autorité civile et l'autorité militaire ne sont que l'apanage de la puissance religieuse. Le seul titre de *Grand Marabout* procure honneurs, pouvoir et richesses.

Bou-Amama ayant tout perdu voudrait tout reconquérir, mais il lui faut, pour atteindre son but, conserver son influence religieuse.

(1) Les désordres de la frontière marocaine ne sont nullement dus à une recrudescence du fanatisme musulman ou aux suggestions de Bou-Amama. L'état de troubles est l'état normal non seulement de cette région, mais du Maroc tout entier.

(2) *Figuig* est le rendez-vous des révoltés et des prêcheurs de guerre sainte.

Il demande, donc, en échange de sa soumission, le droit de faire construire un *Zaouïa* (1) au Figuig, autrement dit — nous l'expliquerons plus loin — l'autorisation de recevoir les nombreuses aumônes de ses *khouans*, de continuer à aller au Touat récolter les impôts religieux et de faire, enfin, échec à Si-Hamza, grand marabout des *Chéraga*, son rival et notre allié.

La soumission de Sid-Mohamed-Bou-Amama-ben-El-Arbi aurait un retentissement considérable dans le monde musulman, du Maroc à Tripoli et pour bien saisir l'importance de ce fait qui nous paraîtrait, en France, sans grand intérêt, quelques notions de politique arabe sont nécessaires, si tant est qu'on puisse appeler politique une administration religieuse aussi simple dans ses principes immuables que ses applications sont changeantes, délicates et complexes.

*
* *

Le Coran, considéré par les musulmans comme la source unique de la Morale et du Droit, tient lieu pour eux de Constitution, de Code et d'Evangile. Voilà qui paraît simplifier leurs affaires. Malheureusement, les disciples de Mahomet suivent si peu les préceptes du Prophète qu'il existe chez nos indigènes d'Algérie et de Tunisie autant de sectes, de partis, de rivalités et de haines que de chefs et de familles.

L'origine de ces jalousies remontant parfois à des siècles, il est bien difficile de se reconnaître dans un tel fouillis d'intrigues causées par l'opposition de sentiments, la diversité d'intérêts et souvent même par l'hérédité (2). Le seul système de gouvernement, applicable à des gens constamment divisés par goût ou par besoin, consiste à les diviser davantage pour mieux régner. C'était le système de Carthage et celui des Romains, qui, à leur gré, favorisaient ou neutralisaient les chefs indigènes pour vivre en paix au milieu de leurs dissensions. Les Français n'ont pas manœuvré autrement depuis 1830, s'efforçant de réprimer les velléités d'insurrection par des faveurs ou des menaces.

(1) *Zaouïa*, sorte de temple, servant, à la fois, de résidence pour le chef de l'ordre et de séminaire pour ses disciples.

(2) « Suis les prescriptions du Livre et celles de la tradition, car le Livre et la tradition sont la loi qui mène au Dieu très haut. » — Précepte arabe.

À l'instar des autres tribus, la grande famille des Ouled-Sidi-Cheïkh, à laquelle appartient Bou-Amama, est divisée en deux *çofs* (1) que nous avons eus alternativement avec ou contre nous : les *Cheraga* (Est) et les *Gheraba* (Ouest).

Au début de l'occupation française, ils habitaient un immense territoire s'étendant du sud-tripolitain au sud-marocain. Leurs chefs étaient de hauts personnages, traitant de pair avec le Sultan de Fez. Trois chefs se disputaient le pouvoir religieux de la tribu, c'est-à-dire l'héritage moral du saint Sidi-Cheïkh (2) : Boubekeur, Mohamed et Tayeb. Les deux premiers, frères du même sang, habitaient l'Est et commandaient aux *Cheraga* ; le dernier s'était retiré à l'Ouest et gouvernait les *Gheraba*. Aujourd'hui, la situation est la même. Deux chefs, encore, se disputent la suprême autorité religieuse de la tribu : Si-Hamza, notre allié, représentant la branche aînée (*Cheraga*) et Mohamed-Bou-Amama, notre ennemi, représentant la branche cadette (*Gheraba*). Les premiers occupent le sud des départements d'Alger et de Constantine ; les seconds ont transporté leurs tentes dans l'extrême Sud-Oranais, au Gourara et au Touat.

La position respective des deux *çofs* rivaux étant ainsi posée, donnons quelques détails historiques sur les Ouled-Sidi-Cheïkh ; suivons-les depuis notre arrivée en Algérie jusqu'à maintenant.

Les Ouled-Sidi-Cheïkh ont toujours été d'excellents cavaliers, des guerriers courageux, des hommes fiers et jaloux de leur indépendance. Ils ne cessaient de se quereller avec leurs voisins, les dominant par l'arbitraire et les écrasant sous leur nombre. C'est ainsi que la plupart des autres tribus moins importantes du Sud-Algérien ont été réduites et ruinées par ces guerriers farouches.

Tayeb, chef de la branche cadette, mourut en laissant trois fils : Cheïkh, Mohamed et Kaddour. Le fils du plus jeune, nommé Sfi-

(1) Partis en rivalité.

(2) Enterrés à El-Abiod, les ossements du marabout Sidi-Cheïkh furent transférés à Géryville par ordre du général de Négrier, alors colonel de la Légion étrangère, à Sidi-bel-Abbès. Cette officier voulait ainsi soumettre directement à notre surveillance un monument religieux qui, loin de nous, était le rendez-vous des fanatiques et des révoltés. La presse fit grand bruit autour de ce fait, et chercha à l'envisager comme un acte attentatoire à la foi musulmane. On en jugea autrement dans le département d'Oran où la conduite du colonel fut approuvée. Un comité se forma pour organiser une souscription dont le produit devait être employé à lui offrir une épée d'honneur. Lorsque le colonel de Négrier connut cette décision, il écrivit au Comité pour le remercier de son initiative, ajoutant qu'il trouvait la récompense de ses services dans la satisfaction du devoir accompli. Cette réponse fut gravée sur la poignée de l'épée que le Comité déposa au musée d'Oran.

man fut un de nos plus acharnés adversaires, bien qu'il hésitât longtemps avant de s'insurger.

Les *Cheraga*, au contraire, nous ont toujours combattu, depuis notre arrivée en Algérie jusqu'en 1882. Avant de se révolter en masse, ils fournissaient des contingents aux autres insurgés.

Leur chef, Boubekeur, héritier de la branche aînée et rival de Tayeb, laissa quatre enfants mâles : Hamza, Naïmi, Zoubir et Lalla. L'aîné, devenu *bach-agha*, mourut en 1861. Il avait eu six enfants : Boubekeur, Kaddour, Eddine, Sliman, Mohamed et Ahmed. Ses deux frères, Naïmi et Lalla, avaient chacun un fils : Moradji et Mohamed.

Boubekeur périt en 1862. Son enfant, Si Hamza, l'agha actuel, né en 1861, ne pouvant lui succéder, ses cinq frères en profitèrent pour se disputer la puissance religieuse.

Kaddour et Eddine, fils de négresses, firent vainement prévaloir leurs droits d'aînesse. Leur origine étant inférieure, ils durent s'incliner devant le droit musulman et se retirer pour faire place à leurs frères. Les cadets, au contraire, étaient de naissance illustre. Leur mère, Reguia-ben-Heurma, élevée à la Cour de Fez, était fille d'un marabout très influent au Maroc et conseiller des Ouled-Sidi-Cheïkh. La primauté — ou plus exactement la régence — revint donc à Sid-Sliman-ould-Hamza qui engagea les premières hostilités contre nous. Mal lui en prit, d'ailleurs, puisqu'il fut tué, peu de temps après, en 1864, au combat livré par les insurgés au colonel Beauprêtre. Mohamed prit alors le titre de *bach-agha*, mourut insoumis en 1865 et fut remplacé par son frère consanguin, Ahmed. Ce dernier, peu scrupuleux, fit assassiner un de ses rivaux Boubekeur-ben-Zyan, se brouilla avec son oncle Si Lalla, se mit tout le monde à dos, prit la fuite et se réfugia à la Cour du Maroc où il est décédé trois ans après.

A cette époque, les *Cheraga* se trouvaient en état d'insurrection. Il leur fallait un meneur. Si-Hamza étant encore trop jeune pour commander, son oncle Kaddour s'empara du pouvoir et, bien que fils de négresse, devint à la fois chef de famille et chef des insurgés. Il avait pour lieutenants : son frère Eddine, ses oncles Zoubir et Lalla et son cousin Moradji. Incapable de s'opposer à la marche victorieuse de nos troupes et mis en déroute à la bataille d'El-Mengoub, Kaddour fit sa soumission, obtint sa rentrée en grâce et fut nommé agha.

Quelque temps après, le soulèvement général l'obligeait à donner sa démission, à la suite des nombreuses exactions dont il s'était rendu coupable.

Zoubir et Lalla vinrent, à leur tour, à composition et demandèrent un emploi. Leurs gages de fidélité n'étant pas suffisants, on ne les écouta pas. Ils multiplièrent vainement leurs démarches jusqu'au jour où Sliman, chef des *Gheraba*, insurgé depuis 1878, vint, lui aussi, faire des offres de soumission, en même temps que les *Cheraga*.

Les deux *çofs* désirant l'*aman*, comme aujourd'hui, on pouvait croire à la fin des hostilités. Le Gouvernement pensa le contraire et repoussa leurs avances. *Cheraga* et *Gheraba* restèrent alors en insurrection jusqu'à l'arrivée de M. Tirman.

Eddine, peu batailleur et plus politique, s'empresssa de profiter des bonnes dispositions du nouveau Gouverneur. Il savait, du reste, ce que lui avait coûté sa résistance aux Français pour avoir été arrêté en 1864, comme *caïd* du *Djebel-Amour*, par la colonnne du général Yusuf. Il demanda la paix. « Je m'incline, disait-il, devant le fait accompli et reconnais définitivement la domination de la France sur le territoire des Ouled-Sidi-Cheïkh-Cheraga. »

M. Tirman le fit espérer et lui aurait probablement donné satisfaction quand il fut remplacé au Gouvernement général de l'Algérie.

M. Cambon arrive, inaugure une politique de pardon, accepte sa soumission, et le nomme caïd. Kaddour meurt en pays français. Moradji devient caïd de Ouargla et Si-Hamza, jusqu'alors en tutelle, prend le titre de Grand Marabout des Ouled-Sidi-Cheïkh. Elevé à Alger, marié à une Française, Si-Hamza est notre allié. Sous son autorité religieuse, les *Cheraga* servent la France comme convoyeurs et comme goumiers.

De tous les anciens insurgés, un seul reste irréconciliable : Si Mohamed-Bou-Amanna-ben-El-Arbi, successeur de Si-Sliman-ben-Kaddour. Il commence à nous gêner, en 1878, avec les Ouled-Sidi-Cheïkh de l'Ouest et, depuis, ne cesse de nous susciter embarras sur ennuis. Pourchassé en 1881, par le colonel de Négrier, il se réfugie dans l'extrême-sud oranais, où il retourne après l'insurrection de 1888. Les bureaux arabes des *cercles* sahariens ; les forts Mac-Mahon et Miribel limitent son champ d'action ; l'accès de l'Algérie lui est interdit. Retiré à Deldoul, au Gourara, il continue ses menées contre nos postes avancés. L'année dernière encore, les *Doui-Menia* et les *Ouled-Djerid*, sur ses instigations, essayaient de barrer la route à la colonne d'Igli.

Au Touat, personne ne pouvant lui contester ses droits, Mohamed-bel-Arbi se proclame le « Grand Maître » de la secte des Ouled-Sidi-Cheïkh et organise ses *khouans* en confrérie puissante. Son influence religieuse devient considérable. Tous le vénèrent. Les Touareg le craignent. Il prélève des impôts arbitrairement et reçoit aumônes et cadeaux.

*
**

Sa popularité et sa fortune devaient le perdre.

Les *Cheraga*, ruinés par la guerre, se virent enlever, après leur soumission, le droit d'imposer leurs coréligionnaires. Le Gouvernement leur donna bien, en compensation, des emplois rétribués ; mais leurs émoluments n'égalaient pas leurs anciennes « prébendes maraboutiques ». De jaloux ils devinrent furieux de ce que Bou-Amana gardait pour lui seul le produit des offrandes faites au Grand Sidi-Cheïkh.

Le foyer d'insurrection du Touat les gênait autant que nous. L'un d'eux, très influent dans la région de Ouargla, nous disait, en 1898 : « Pourquoi vos soldats ne s'emparent-ils pas d'In-Salah ? Qu'on nous donne des armes, de la poudre et nous irons seuls ! » Ils proposèrent, en effet, d'aller au Gourara et au Tidikelt, de s'emparer des *Ksours* et de les livrer à la France. — Ils y auraient tout saccagé.

S'ils désiraient tant guerroyer contre les Gheraba, ce n'était point par dévouement pour nous. L'intérêt seul les incitait à agir. « Quand la France sera maîtresse du Tidikelt, du Touat et du Gourara, pensaient-ils, nous y serons chez nous ; Bou-Amama en sera chassé et nous n'aurons plus qu'à *envoyer nos burnous et nos chapelets* pour récolter ce qu'il empochait à notre place. »

Leurs conseils prévalurent. Nous sommes allés au Touat. Un goum des Ouled-Sidi-Cheïkh de Ouargla accompagnait le capitaine Pein de la mission Flamand et ces mêmes goumiers servirent de convoyeurs, d'éclaireurs et de combattants pendant la campagne du Tidikelt. Félicitons-les de leur courage et de leur fidélité, mais dispensons-nous d'adresser des éloges à leurs chefs égoïstes et cupides.

Depuis la fuite de Bou-Amama et l'occupation du Touat, les *Cheraga* y sont chez eux. En raison du proverbe : « Les absents ont toujours tort » l'influence de leur rival s'évanouit et fait place, peu à peu, à l'autorité de Si-Hamza, — C'est ce qu'ils voulaient.

Les *Cheraga*, toutefois, ont escompté à trop brève échéance la chute de Mohamed bel-Arbi. Le vieil ermite a plus d'un tour dans son sac et leur prouve. A peine arrivé dans son prieuré du Figuig, il songe à la confrérie perdue, aux piles de *douros*, aux *saâ* (1) d'orge et de blé, aux moutons bien gras offerts en holocauste au saint Sidi-Cheïkh. Navré que d'autres puissent profiter de ces offrandes, il s'agite pour rassembler son troupeau dispersé, mais l'ermitage de Bou-Amama est serré de si près par nos troupes que sa voix ne dépasse plus les murailles. Ses appels restent vains, ses anciens clients n'osant plus bouger par crainte d'être, comme lui, chassés de leur pays et privés de leurs biens.

Alors, réduit à l'inaction, il joue son dernier atout pour sauver l'héritage de ses enfants. Deux ressources lui restent : la soumission ou la fuite chez le Sultan du Maroc; et encore ce dernier moyen n'est pas sûr, les Marocains fanatiques lui reprocheraient d'avoir voulu accaparer, contrairement aux coutumes musulmanes, la suprême autorité religieuse qui revient à Si-Hamza, par droit de naissance.

Il s'abouche donc avec deux colons du département d'Oran, les invite à une *diffâ*, au Figuig, et leur parle politique. Voici, d'ailleurs, comment ces colons, MM. Carafang et Bournier, racontent leur conversation :

« Pendant le repas, le marabout s'exprima en ces termes : « Je suis l'ami de la France (?) et je ferai tout ce qui dépendra de moi pour vivre désormais en bonnes relations avec elle. » Il ajouta textuellement : « C'est parce que j'ai fait la guerre que je suis partisan de la paix. » — Nous lui demandâmes alors pourquoi il ne s'était pas rendu à l'invitation que M. le Gouverneur général lui avait adressée, lors de l'inauguration de la gare de Djênien, le 1ᵉʳ février 1900 et pourquoi il n'avait pas accepté l'*aman* qu'on lui offrait alors (2). Il nous répondit évasiment : « Le moment n'est pas encore venu ; il fallait que je prépare mes voisins, les gens de Figuig, Doui-Menia, Baraber, etc. *Il fallait que je garde l'influence que j'ai sur eux*; c'était le meilleur moyen de les gagner lentement à la cause de la France. » Et il ajouta cette phrase caractéristique : « Si j'étais venu, on m'aurait donné des honneurs que je n'avais pas gagnés. »

(1) *Douros* : pièce de cinq francs. *Sad* : huit doubles décalitres.

(2) En faisant de telles avances à Bou-Amama, M. Laferrière commit une grosse faute. Chez les Arabes, un vainqueur, ayant conscience de sa force, n'a pas de ces générosités ; il attend que le vaincu vienne implorer le pardon. Aussi, Bou-Amama s'empressa-t-il de refuser l'*aman* qu'on lui offrait. Son refus dédaigneux ne faisait qu'augmenter son ascendant et sa popularité.

La vérité, c'est qu'en février 1900, le Touat n'était pas occupé militairement. Les dernières espérances de Bou-Amama n'étaient pas encore envolées. Mais quand il sut que le général Servière et le commandant Laquière avait pu, sans résistance, parcourir le Tidikelt, le Touat et le Gourara; quand il apprit, surtout, que le *goum* accompagnant ces officiers avait, le 5 août dernier, traversé Deldoul, son ancienne résidence, sans tirer un coup de fusil, il se rendit compte de l'inutilité de ses efforts et songea sérieusement à se soumettre. — « *Allah est grand, Mahomet est son prophète et ce qu'ils font est bien fait !* »

Au mois d'octobre, il fit savoir à M. Bournier son désir de recevoir officiellement l'*aman*. La tacite rémission de ses péchés ne suffisait pas à le protéger efficacement contre les coups de main dont lui et les siens étaient victimes de la part des pillards marocains. Il priait son ami de lui servir d'interprète et le chargeait de faire parvenir la lettre suivante au Président de la République et aux ministres.

A notre ami le vénéré Bournier,

« Que le salut soit sur toi !

« Je t'informe de mon désir. Je désire la paix moi et mes gens.

« Tu sais qu'on a commis contre nous des meurtres et qu'on nous a razziés. Une fois, on nous a pris 36 chamelles et on a tué un des miens. J'ai réclamé, mais on ne m'a pas écouté. Une autre fois, on nous a encore pris douze chamelles. J'ai encore réclamé sans succès. On a tué dix hommes qui avaient « l'aman » et deux autres des miens qui ont été razziés ; mes réclamations sont restées vaines.

« J'avais envoyé vers les Français deux messagers porteurs de deux lettres, relatant ce que j'avais appris des projets des Djid qui menaçaient Zoubia. On a arrêté mes envoyés ; l'un deux 'est encore entre leurs mains. Et chaque jour serait sujet de plaintes.

« Est-il possible que nos cœurs aient foi dans l'aman, si l'on nous fait tout cela, après que nous avons eu l'aman ?

« Mais celui qui sollicite la paix doit tout subir. C'est pourquoi, malgré les injustes actes des méchants, je ne cesserai pas de prêcher le bien et je ferme mon oreille aux paroles insidieuses des conseillers venus de partout.

« Voilà mon désir : je désire construire à Figuig une grande zaouïa pour montrer à ceux qui doutent que l'Homme de Dieu veut demeurer désormais en ces lieux. Mieux vaudrait pour moi le campement de mes pères à la zaouïa de pierre, mais en édifiant une habitation, j'indique ma volonté pour la paix qui éteint toute idée de guerre. En construisant, mes fidèles se fixeront aussi et l'habitation de pierre assure une paix définitive.

« Nul étranger ne viendra se mêler à mes gens : les Arabes n'aiment pas habiter les villes. Je ne veux construire que pour être le trait d'union entre le gouvernement français et mes fidèles. Ainsi je montre qu'à tout prix je veux la paix et la tranquillité. Alors les méchants qui voudront troubler la paix ou attaqueront le gouvernement seront punis comme ils le méritent.

« Et si mon idée n'était pas inflexible pour la paix, je n'aurais que faire de séjourner ici. La terre de Dieu est vaste et son serviteur trouvera toujours à s'y loger. Mais je désire me rapprocher des villes actives, vivre en paix. Et ceux qui dépendent de moi ont partagé mon opinion quand ils ont appris que j'acceptais l'aman. Nous tournons les yeux vers la France.

« Malheureusement, quand ils ont vu les meurtres commis et les pillages dont ils sont victimes, leur foi a diminué.

Quoi qu'il arrive, sache que je ne cesserai jamais de prêcher le bien en faveur de la France tant que Dieu m'animera. Nous méprisons ceux qui prêchent le mal.

« Je désire que tu sois mon porte-parole auprès de ceux qui commandent.

« Tu agiras pour que l'aman me vienne à moi et à tous ceux qui m'entourent. Nous serons, dès lors, des enfants de la France. Ecris si tu réussis dans cette mission et sois certain que le désir de la paix et du bien m'inspirera constamment en faveur de la France. »

Nous ne releverons pas les contradictions et les mensonges contenus dans cette épître. Les Arabes étant de ces gens dont parle Pascal « qui mentent pour mentir », il n'est pas étonnant que Bou-Amama, en bon bédouin, mente comme un vulgaire charlatan. Mais, franchement, nous sommes payés depuis si longtemps pour connaître la pureté de ses sentiments et la sincérité de ses paroles que nous serions bien niais de nous laisser prendre à ses pièges grossiers.

De sa conversation avec MM. Carafang et Bournier retenons cependant une phrase : « Il fallait que je conserve, leur dit-il, l'influence que j'ai sur mes clients. — Au lieu de : *il fallait*, lisons : *il faut*, et nous aurons la seule raison déterminante de ses offres de soumission au gouvernement français. Il est obligé, en effet, pour recouvrer son autorité, de conserver son ascendant religieux sur ses clients.

*
* *

Voilà donc la question Bou-Amama simplifiée.

Le gouvernement doit-il lui accorder *l'aman* et l'autoriser à construire une zaouïa au Figuig ?

Supposons l'affirmative.

La zaouïa terminée, Mohamed-Bel-Arbi, pardonné et libre d'agir, continuera son petit commerce à l'aide de ses nombreux agents de propagande et installera au Figuig une concurrence à Aïn-Madhi et à Guébar. (1) Ses disciples afflueront, ses Khouans viendront du sud-oranais et du Touat lui rendre visite et lui offrir des présents. Il conservera son titre de chef de l'ordre des Ouled-Sidi-Cheïkh et sera sûr, enfin, de laisser un héritage enviable à son fils Tayeb. (2)

C'est alors que nous verrons paraître les *Cheraga*. Ils nous diront, avec raison : « Les premiers, nous avons fait notre soumission et servi la France avec fidélité, mais nous n'avons pas versé notre sang pour elle, en combattant nos rivaux, pour qu'ils soient favorisés à nos dépens. Si la zaouïa de Figuig est construite, nous voulons que Si-Hamza en soit le grand Maître. »

Voilà un dilemne !

Un officier, très au courant des affaires indigènes le commandant Rose, vainqueur de Bouchoucha, nous disait en 1899. (3) « Le jour où nous aurons la haute main sur le Touat, les *Gheraba* viendront à nous ; les *Cheraga* nous tourneront le dos et n'attendront plus qu'une occasion favorable pour s'insurger. » D'autres officiers de bureau arabe nous ont tenu le même langage ; nous ne sommes pas seul, par conséquent, à découvrir des nuages noirs à l'horizon du sud.

On nous accusera de pessimisme ; on nous dira : « Les révoltes arabes sont désormais impossibles. » Nous voudrions bien partager cette manière d'envisager la situation, mais malgré notre admiration pour l'immanente sérénité du ciel algérien, notre connaissance des choses sahariennes nous fait un devoir d'augurer des orages possibles.

Après la défaite d'Abd-El-Kader, les optimistes raisonnaient de même et l'Histoire n'enregistrera pas moins dans les annales de notre colonie : la révolte de Moqrani, l'insurrection d'El-Amri, le soulèvement des Aurès, l'échauffourée de Marguerite, sans compter

(1) Zaouïas de l'ordre des Tedjanistes.

(2) Il est à craindre aussi que Bou-Amama ne fasse de sa *zaouïa* un entrepôt de contrebande.

(3) Le commandant Rose est le héros du roman « *Gens de poudre* » de M. Hugues Le Roux. Cet officier, qui laissera une si belle page dans l'histoire de l'Algérie, est mort, l'année dernière. La ville de Biskra vient de donner son nom à l'une de ses places.

les agressions, meurtres, pillages et autres *«affaires locales»* de moindre importance.

Non, l'ère des insurrections n'est pas close. Les musulmans, malgré leur docilité apparente, nous haïssent profondément et attendent toujours l'heure du massacre général des Français. Cette heure *est écrite;* ils l'espèrent et dans leurs prières, demandent à Allah de hâter sa venue. Pour eux, nous ne serons jamais que des *roumis* des *beni-kelb*, des infidèles, des chiens de chrétiens et s'ils nous tolèrent, c'est qu'ils sont sûrs de nous chasser de leur pays quand Mahomet l'aura décidé et qu'ils croient à la justice finale et au Paradis futur où ils iront vivre éternellement au milieu des *houris*, tandis que nous serons tous précipités aux enfers.

Oui, le péril arabe existe. Il n'est pas imminent, sans doute, ni bien effrayant, mais ce n'est pas un fantôme. C'est un feu latent qui peut couver longtemps encore ; qu'un coup de vent survienne et disperse ses cendres, les charbons s'enflammeront et ce sera l'incendie. Évitons de souffler dessus ; pensons-y toujours et parlons-en quelquefois.

Nous avons 60.000 soldats en Algérie ; les arabes y sont 4.120.000. Quel est donc le secret de leur impuissance ? C'est qu'ils manquent de fusils perfectionnés et que leurs chefs sont nuls en art militaire. Malgré leur nombre, ils ne pourraient résister longtemps à des troupes européennes, mais s'ils étaient habilement commmandés et bien armés, nous serions depuis longtemps à la mer.

Les Arabes sont belliqueux par passion ; ils aiment « faire parler la poudre » — *Ferox gens, nullam esse vitam sine armis rati* ». — Nation farouche qui compte la vie pour rien, sans les armes.

Et cependant, malgré leur amour pour la guerre, le dieu Mars ne les favorise guère. Carthage, Rome, les Turcs, les Français les ont, tour à tour, battus et assujettis. Leur histoire se résume en trois mots : servitude, révoltes, défaites.

Mais revenons à notre dilemne.

La France doit choisir entre Si-Hamza et Bou-Amama. Nous ne voulons pas dire par là que Si-Hamza prêcherait la guerre sainte si son rival obtenait satisfaction. L'éducation qu'il a reçue ; sa femme le feraient certainement hésiter, mais les autres marabouts *Cheraga* du sud ne lui demanderaient probablement pas son avis. L'orgueil serait un levier assez puissant pour leur faire prendre les armes et il suffirait du fanatisme d'un seul pour entraîner tout le *çof.*

A notre avis, le choix est facile à faire. Laissons les choses en l'état ; conservons l'amitié des *Cheraga* ; disciplinons les *Gheraba*, aujourd'hui domptés par le général Servière; habituons-les, peu à peu, à la présence des bureaux arabes ; améliorons leur sort par une administration libérable et bienveillante et laissons, enfin, Bou-Amama dans l'isolement où il s'est confiné.

Lui pardonner serait peut-être généreux, mais inhabile et impolitique (1).

La soumission du vieil insurgé aurait, avons-nous dit, un retentissement considérable dans le monde musulman où il passait pour irréductible, où sa haine pour les chrétiens le rendait populaire, mais notre dédain aurait autrement d'importance. Combien vite disparaîtrait le peu d'autorité dont il jouit encore et combien plus profond et plus durable serait l'effet produit sur les populations du Désert, quand ses coréligionnaires apprendraient que l'*aman* lui a été refusé parce que la France l'en jugeait indigne.

Bou-Amama n'est pas le guerrier battu qui, entouré de ses soldats, rend les armes à son vainqueur ; c'est le capitaine en fuite, sollicitant le pardon pour obtenir la vie sauve ; c'est le vieux lion, traqué, découragé, harassé, dont le chasseur n'a pas pitié parce qu'il lui tuait ses moutons au temps de sa fierté et de sa force.

Bref, pour une fois et au risque de froisser les âmes délicates, ne faisons pas de sentiment avec les arabes et appliquons-leur la seule politique qui leur impose le respect : l'autorité ferme, équitable et exempte de faiblesse.

Aveuglés par leur haine pour les infidèles, nos sujets musulmans ne comprennent point notre clémence.

ALBERT NOYER

Evreux, 1901.

---

(1) Une autre solution serait de lui accorder l'*aman* sans la *zaouïa*, mais, dans ces conditions, ferait-il sa soumission ?

178